Dr Deepak

Les clés spirituelles de la richesse

Traduit de l'anglais
Par Danièle et Audouin Soualle

ÉDITIONS J'AI LU

Titre original :

CREATING AFFLUENCE

New World Library, Novata
et Amber-Allen Publishing, Inc., San Rafael, 1993

À tous ceux qui donnent
d'eux-mêmes,
et qui, par ce don,
reçoivent en retour l'intarissable
abondance de l'univers.

LES CLÉS SPIRITUELLES DE LA RICHESSE

Dr DEEPAK CHOPRA

*La richesse, la plénitude infinie
et l'abondance sont notre état naturel.
Il nous suffit de nous remémorer
ce que nous savons déjà.*

$\mathcal{S}$OMMAIRE

Annexes

Avertissement

Ce livre comporte peu de pages mais il est extrêmement dense. Il est destiné à être littéralement métabolisé et réalisé au niveau conscient par le lecteur. Afin d'obtenir les meilleurs résultats possibles, je vous suggère de le lire *in extenso* une première fois, puis d'en relire cinq pages chaque jour. À la fin du livre, recommencez. Que cette lecture devienne une habitude qui vous suivra toute votre vie. Ainsi, la fortune sous toutes ses formes vous accompagnera où que vous alliez.

Introduction

Dans une contrée lointaine, il y a de cela bien longtemps, un jeune homme partit un jour dans la forêt à la recherche de son maître spirituel. Quand il l'eut trouvé, il s'adressa à lui en ces termes : «Maître, je souhaite devenir immensément riche afin de venir en aide au monde en le guérissant des maux qui l'accablent. Quel est donc le secret de l'abondance et de la richesse ? »

Le maître lui répondit : «Dans le cœur de chaque être humain résident deux déesses : Sarasvati, la déesse de la Connaissance, et Lakshmi, la déesse de la Richesse. Chacun de nous est amoureux de ces deux êtres suprêmes. Mais il est un secret que vous devez connaître, et je vais vous le révéler.

«Bien que ces déesses vous soient toutes deux très chères, vous devez accorder davantage d'attention à Sarasvati. Vous devez la poursuivre et l'aimer sans relâche. Plus vous vous intéresserez à Sarasvati, plus Lakshmi sera jalouse et plus elle s'efforcera de vous conquérir. Ainsi, c'est en recherchant la déesse de la Connaissance que vous vous attacherez la déesse de la Richesse. Elle vous accompagnera partout où vous irez, et la fortune que vous souhaitez sera vôtre pour toujours.»

La connaissance, le désir et l'esprit ont un pouvoir. Et ce pouvoir à l'intérieur de vous est la clé pour vous attirer la fortune.

PREMIÈRE PARTIE

CRÉER LA RICHESSE

*Un nombre infini de mondes
apparaissent et disparaissent
dans l'immense étendue
de ma propre conscience,
comme des particules de poussière
dansant dans un rayon de lumière.*

Proverbe du Véda

CHAPITRE 1

La source de la richesse

Le véritable état de richesse est avant tout un état d'esprit par lequel tout ce dont nous avons besoin nous parvient sans effort et tout ce que nous désirons est spontanément comblé. Nous ressentons joie, santé, bonheur et vitalité à chaque moment de notre existence.

La richesse fait partie de la réalité, et le véritable but de ce livre est de nous aider à percevoir la nature de cette réalité.

Lorsque nous sommes en prise avec la nature de la réalité et que nous savons que cette même réalité est notre propre nature, nous prenons alors conscience que nous pouvons tout créer puisque toute création matérielle a la même origine. La nature puise à la même source, que ce soit pour créer un groupe de nébuleuses, une galaxie d'étoiles, une forêt tropicale, un corps humain ou une pensée.

Toute la création matérielle, tout ce qui peut être vu, touché, entendu, goûté ou senti est composé d'une même matière et provient d'une même source. Savoir cela d'expérience nous donne la capacité de combler chacun de nos désirs, d'obtenir tout objet matériel désiré et de ressentir autant de plénitude et de bonheur que nous le souhaitons.

Les principes énoncés dans ce livre ont plus particulièrement trait à la création de richesses matérielles illimitées, mais ils peuvent être appliqués à n'importe quelle autre forme de désir puisqu'il s'agit du même mécanisme naturel consistant à créer une réalité matérielle à partir d'une essence immatérielle.

Avant d'examiner ces principes plus avant, je souhaite évoquer brièvement la façon dont la science, et plus particulièrement la physique, rend compte de l'univers dans lequel nous vivons, de la nature de notre corps humain, de la nature de notre esprit et, enfin, de l'interaction de tous ces éléments.

Selon les théoriciens du champ quantique, tout ce qui relève du matériel – le corps humain, une voiture ou un billet de banque – est composé d'atomes. Ces atomes sont constitués de particules élémentaires qui, elles-mêmes, sont des fluctuations d'énergie et d'information dans un immense vide d'énergie et d'information.

Dans d'autres ouvrages, j'ai examiné de façon plus approfondie la nature de la réalité quantique. Sans entrer dans les détails, la conclusion fondamentale à laquelle sont arrivés les théoriciens du champ quantique est que la matière première du monde est immatérielle; la substance essentielle de l'univers est non-substance. Toute notre technologie repose sur ce fait, et c'est ce qui, aujourd'hui, nous mène à un point de renversement de la superstition matérialiste.

Le fax, l'ordinateur, la radio, la télévision – toutes ces technologies sont apparues parce que les scientifiques se sont aperçus que l'atome, unité fondamentale de la matière, n'était pas une entité solide mais une hiérarchie d'états d'information et d'énergie dans un vide d'états potentiels d'information et d'énergie.

La différence existant entre deux objets matériels – par exemple, un atome de plomb et un atome d'or – ne se situe pas sur un plan matériel. Les particules élémentaires telles que les protons, les électrons, les quarks et les bosons qui composent un atome d'or ou de plomb sont exactement les mêmes. De plus, bien que nous les appelions particules, ce ne sont pas des entités matérielles mais des impulsions d'énergie et d'information. Ce qui différencie l'or du plomb est la *disposition* et la *quantité* de ces impulsions d'énergie et d'information, et ces impulsions sont la non-matière qui constitue tout ce que nous considérons comme substance ou matière.

Il devient donc évident que non seulement la matière première composant l'univers est non-matière, mais encore que cette non-matière *pense*. Car une pensée est-elle autre chose qu'une impulsion d'énergie et d'information ?

Nous croyons que les pensées n'apparaissent que dans notre tête, mais c'est parce que nous les envisageons comme linguistiquement structurées (exprimées verbalement et nous parlant dans notre langue). Ces *mêmes impulsions* d'énergie et d'information que nous connaissons sous forme de pensées sont la matière première dont l'univers est composé.

La seule différence entre les pensées à l'intérieur et celles à l'extérieur de notre tête est que nous expérimentons les premières en termes linguistiques. Mais avant qu'une pensée ne soit exprimée verbalement, elle n'est qu'intention, impulsion d'énergie et d'information.

Autrement dit, au stade précédant le verbe, la nature tout entière parle le même langage. Nous sommes tous des corps pensants dans un univers pensant. Et, à l'instar de la pensée qui se projette en molécules de notre corps, les mêmes impulsions d'énergie et d'information se projettent en événements spatiotemporels dans notre environnement.

Derrière la trame visible de l'univers, au-delà du mirage des molécules – la *maya* (illusion) de l'apparence physique –, se trouve une matrice intrinsèquement invisible et homogène remplie de vide. Ce vide orchestre en silence, commande, guide, régit, laisse la nature s'exprimer en une myriade de configurations, de schémas et de formes, et ce avec une créativité, une abondance et une perfection infinies.

Les expériences vécues sont le continuum dans cette matrice homogène de vide. Ce sont nos expériences de joies et de peines, de succès et d'échecs, de richesse et de pauvreté. Tous ces événements semblent nous arriver mais, à un niveau tout à fait élémentaire, *ce sont nous qui les provoquons*.

Les impulsions d'énergie et d'information qui sont à l'origine de nos expériences se reflètent dans nos attitudes face à la vie. Et nos attitudes sont le résultat et les expressions d'impulsions autogénérées d'énergie et d'information.

CHAPITRE 2

Abécédaire des principes de la richesse

Quels sont donc les états de conscience, les états d'information et d'énergie qui apportent l'expérience de la richesse dans notre vie ? Pour que ce soit plus commode et plus facile à retenir, je les ai classés en un abécédaire des principes de la richesse.

D'après mon expérience, il n'est pas utile de cultiver *consciemment* les attitudes que je vais vous décrire pour que la richesse se matérialise. Exercer un effort conscient pour cultiver une attitude ou un état d'esprit peut même devenir source de tension. Il suffit tout simplement de savoir ce que sont ces attitudes classées de A à Z, d'en être *conscient*. Plus nous en devenons conscients, plus cette connaissance se structurera en nous. Alors, notre attitude, notre comportement pourront changer d'eux-mêmes, spontanément, sans aucun effort de notre part.

La connaissance possède un pouvoir d'organisation qui lui est inhérent. Une fois compris, ces principes seront traités et métabolisés par notre corps, et les résultats seront spontanés. Attention, cependant : les résultats ne sont pas immédiats. Ils se manifesteront progressivement dans le temps.

Si vous lisez cette liste une fois par jour, vous verrez les changements s'opérer d'eux-mêmes et constaterez la facilité avec laquelle la richesse et l'abondance entreront dans votre existence.

Pour argent et amour. L'argent est comme le sang : il doit circuler. Le thésauriser et s'y accrocher, c'est le laisser se coaguler, au risque de provoquer des difficultés. L'argent, c'est de l'énergie vitale que nous échangeons et utilisons comme résultat du service que nous offrons à l'univers. Et pour qu'il continue de venir à nous, de proliférer, nous devons sans cesse le faire circuler.

« A », c'est aussi l'amour : aimez-vous, aimez votre famille, aimez vos clients, aimez tout le monde. Il n'y a rien de plus fort que l'amour.

Pour but. Chacun de nous a un but dans la vie, autrement dit un *dharma*. Lorsque nous allons dans le sens de ce *dharma*, nous aimons notre travail et y prenons du plaisir.

Ce but, c'est à nous de le trouver. Nous devons être capables de l'exprimer en termes très simples. Par exemple : « Mon but dans la vie est de soigner, de rendre heureux tous les gens que je rencontre et de favoriser la paix. »

Connaître notre but, notre *dharma*, ouvre accès au champ de pure potentialité, car les mécanismes de réalisation de nos souhaits sont inhérents à ces derniers.

Pour charité : une charité libre dans le don. La liberté de dépenser est la prémisse de la charité, c'est elle qui ouvre automatiquement la voie à la charité et au partage, car la source dont elle provient est infinie, illimitée et inépuisable.

Sans la charité et cette liberté du don qui l'accompagne, vous serez toujours dans la pauvreté, même si vous avez un milliard sur votre compte en banque. La conscience de la richesse, par définition, est un état d'esprit. Si vous pensez sans cesse à l'argent dont vous avez besoin, alors vous demeurerez pauvre.

Pour demande. Quel que soit le service que vous avez à offrir, il correspond à une demande. Dites-vous : « Comment puis-je servir ? » et « Comment puis-je aider ? » Les réponses, vous les trouverez en vous. Une fois que vous les aurez trouvées, vous verrez qu'il existe aussi une demande pour chacune de vos offres.

Pour espérance. C'est le principe selon lequel ce à quoi vous vous attendez va déterminer le résultat. Attendez-vous donc toujours au meilleur et vous verrez que le résultat est spontanément contenu dans l'espérance.

«E», c'est aussi l'échec, et le fait que tout échec renferme en lui le germe du succès. Dans la manifestation du matériel à partir du non-matériel, du visible à partir de l'invisible, un mécanisme fondamental est à l'œuvre : le principe d'auto-information.

Nos échecs sont des points de passage dans le mécanisme de la création qui nous rapprochent toujours plus de nos buts. En réalité, l'échec n'existe pas. Ce que nous appelons échec n'est qu'un mécanisme à travers lequel nous pouvons apprendre à faire les choses correctement.

Pour faire la fortune des autres. Cela veut dire enrichir les autres et aider les autres à s'enrichir. Aider les autres à s'enrichir et aider les autres à exaucer leurs souhaits est un moyen sûr de vous assurer que vous vous enrichirez vous-même et que vous pourrez accomplir vos rêves.

Pour Gratitude. Vous devez savoir montrer votre reconnaissance envers tous ceux qui vous aident, sans jamais feindre la gratitude. L'expression de la gratitude est une force très puissante, qui génère davantage encore que ce que vous avez déjà reçu.

Pour heureux et humanité. C'est le fait que nous sommes ici pour rendre heureux tous les êtres humains que nous rencontrons.

C'est la voie naturelle de la vie que d'évoluer dans le sens du bonheur. Nous devons constamment nous demander si ce que nous sommes en train de faire apportera du bonheur à nous-mêmes et aux gens qui nous entourent. Car être heureux est le but ultime, *le but de tous les autres buts*.

Lorsque nous voulons de l'argent ou entretenir de bonnes relations avec notre entourage ou encore accomplir un travail épanouissant, c'est en réalité le bonheur que nous recherchons. L'erreur que nous commettons est de ne pas chercher le bonheur dès le départ. Si nous le faisions, tout le reste suivrait.

Pour une certaine forme d'insouciance. La conscience de la richesse implique de ne jamais se faire de souci par rapport à l'argent. Les gens véritablement riches ne s'inquiètent jamais lorsqu'ils perdent de l'argent car ils savent que, d'où qu'il vienne, il en existe une réserve inépuisable.

Un jour où je discutais d'un projet pour la paix mondiale avec mon maître, Maharishi Mahesh Yogi, quelqu'un lui demanda : «D'où viendra tout l'argent nécessaire ?» Il répondit sans hésitation : «De là où il se trouve en ce moment même.»

Pour juger. Ce n'est que lorsque nous renonçons à juger que nous pouvons faire l'expérience d'un début de silence dans notre conscience. Notre dialogue intérieur commence à se calmer lorsque nous nous défaisons du poids du jugement. Il est alors plus facile d'accéder à tout l'espace qui se trouve entre nos pensées.

Il est essentiel, par conséquent, de se départir des catégories, définitions, étiquettes, interprétations, évaluations, analyses et jugements, car tout cela crée des turbulences dans notre dialogue intérieur.

Pour kaléidoscope. C'est le champ de tous les possibles, la véritable nature de notre état primordial comme la véritable nature de l'univers. Dans notre forme la plus originelle, nous sommes un champ de tous les possibles.

À partir de là, tout peut être créé. Ce champ est notre nature essentielle, notre moi le plus profond. Il est l'abondance même car il donne forme à la diversité infinie et abondante de l'univers.

Pour luxe. Adoptez le luxe comme style de vie. Le luxe est notre état naturel. Adopter le luxe comme style de vie est un préambule, la condition première de l'afflux de richesse.

Pour le meilleur. Évoluer, c'est, avec le temps, s'améliorer dans tous les domaines. Avec l'idée ultime d'obtenir pour nous le meilleur de chaque chose.

Les gens qui ont la conscience de la richesse ne visent qu'à ce qu'il y a de meilleur. C'est ce que l'on appelle le principe du «meilleur dès le départ». Voyagez en première classe de bout en bout du chemin et l'univers vous renverra à son tour le meilleur.

«M» aussi pour motiver. Le meilleur moyen de motiver les autres à vous aider à atteindre vos buts, c'est de les aider à atteindre les leurs.

Pour nature. La nature, notre nature, est abondance, richesse et profusion. En tant que champ de tous les possibles, la nature est intrinsèquement prospère, car elle donne forme à la diversité et à l'abondance infinies de l'univers.

Pour opportunité et ouverture dans la communication. Chaque contact avec un être humain est une opportunité de croissance et d'accomplissement de vos désirs. Il suffit d'être conscient des opportunités offertes en se montrant constamment attentif. Ouverture d'esprit et franchise dans la communication sont les meilleures façons de réaliser ces opportunités.

Pour pure potentialité. Le sage védique dit : «Je suis le potentiel incommensurable de tout ce qui a été, est et sera. Mes désirs sont telles des graines laissées dans le sol : elles attendent la bonne saison et se métamorphosent alors d'elles-mêmes en fleurs ravissantes, en arbres majestueux, en jardins enchantés et en forêts merveilleuses. »

Pour questionner, remettre en question : les dogmes, les idéologies, les idées reçues, l'autorité extérieure. Ce n'est qu'en remettant en question ce que les gens prennent pour établi ou ce que les gens établissent comme vrai que nous pouvons aller au-delà du conditionnement social.

Pour recevoir, sachant que recevoir est tout aussi nécessaire que donner. Recevoir avec grâce est une expression de la dignité de donner. Ceux qui ne savent pas recevoir sont en réalité incapables de donner. Donner et recevoir sont deux aspects différents du même flot d'énergie dans l'univers.

Donner et recevoir ne se limitent pas à un aspect matériel. Recevoir gracieusement un compliment, de l'admiration ou du respect implique aussi d'être capable de donner cela aux autres. L'absence de respect, de courtoisie ou d'admiration crée un état de pauvreté, quelle que soit l'importance de votre fortune.

«R», c'est aussi la réjouissance, le fait de se réjouir du succès des autres et particulièrement de celui de vos concurrents et de ceux qui se considèrent comme vos ennemis. Vos concurrents et vos ennemis deviendront des alliés lorsque vous vous réjouirez de leur succès.

«R» enfin pour redistribuer. Cela signifie donner une certaine partie de ce que vous gagnez sans condition ni retenue. Lorsque vous donnez, un vide se crée qui va attirer encore plus que ce que vous avez donné. Comme le dit Emerson : «Sans richesse de cœur, la fortune est un vil mendiant.»

Pour la saveur de la vie, ou notre faculté à apprécier la vie dans toute sa vitalité et toute sa luxuriance. C'est savoir qu'une seule et unique vie s'exprime sous une myriade de formes. Voir la vie ainsi revient à comprendre que la force est dans le moment présent. C'est savoir que je suis cela, que vous êtes cela, que tout est cela et qu'il n'y a que cela.

Le grand poète indien Rabindranath Tagore a dit : « Le même courant de vie qui circule à travers le monde circule dans mes veines jour et nuit et danse suivant une mesure rythmée. C'est la même vie qui jaillit joyeusement de la poussière terrestre en d'innombrables brindilles d'herbes et s'éclôt en de tumultueuses vagues de fleurs. » Il appelle cela « le battement des âges qui danse dans mon sang dans le moment présent », c'est-à-dire la capacité à ressentir la saveur de la vie, à faire face à l'inconnu avec liberté et insouciance.

Don Juan dit un jour à Carlos Castaneda : « Notre destinée en soi n'a aucune importance, tant que nous l'abordons avec un total abandon. » C'est là l'insouciance, la joie, la liberté. La saveur réelle de la vie.

Pour transcendance. Sans transcendance, la vie n'a pas de beauté. Si
l'on veut vivre la vie dans sa totalité, il
faut aller au-delà de toute limitation.

Ainsi que l'exprime le poète soufi
Rumi : «Au-delà des idées de bien et
de mal se trouve un champ. Je vous
rencontrerai là.» Je sens que mon
expérience de la transcendance au
travers de la pratique de la méditation me donne une stabilité interne et
un silence qui n'est altéré par aucune
activité parasite. Ce silence reste avec
moi, de telle sorte qu'aucune expérience extérieure ne peut éclipser la
conscience et l'expérience du soi.

«T», c'est aussi le temps et la conscience atemporelle, l'opposé de la

conscience consciente du temps. La conscience consciente du temps est là lorsque nous abandonnons le soi au profit de l'image de soi. L'image de soi, c'est le masque social, le vernis protecteur derrière lequel nous nous cachons. Dans la conscience consciente du temps, notre attitude est toujours influencée par le passé et l'anticipation ou la peur du futur. La conscience consciente du temps est chargée du poids de la culpabilité et de la tristesse. Elle a ses racines dans la peur. Elle est la cause de l'entropie, du vieillissement et de la mort.

La conscience atemporelle est, quant à elle, la conscience du soi. Le sage védique dit : «Je ne me soucie pas du passé et je n'ai pas peur du futur, car ma vie est suprêmement concentrée dans le présent, et la réponse juste à chaque situation me vient d'elle-même.» C'est aussi l'état de félicité. Le soi n'est pas dans le royaume de la pensée. Il est dans l'espace entre nos pensées. C'est dans cet espace que la psyché cosmique nous chuchote doucement à l'oreille. C'est ce que l'on appelle aussi l'intuition. La conscience consciente du temps est du domaine de l'intellect : elle calcule. La conscience atemporelle est dans le cœur : elle sent.

«T», enfin, pour talent. Réunissez autour de vous une multitude de talents. C'est une richesse qui vous permettra de porter au maximum votre créativité et d'offrir le meilleur service possible. Rassembler un cercle de personnes ayant des talents et des capacités uniques et diverses apportera une créativité finale supérieure à la somme de ces talents séparés.

Pour unité. Il nous faut comprendre l'unité qui se trouve derrière toute
diversité. La conscience de l'unité est
un état d'éveil en lequel on voit au
travers du masque de l'illusion créé
par la séparation et la fragmentation.
Derrière l'apparence de la séparation
est un champ unifié de totalité. Là, ce
qui voit et ce qui est vu ne font qu'un.

Nous expérimentons la conscience
de l'unité lorsque nous sommes amoureux, lorsque nous sommes en com-
munion avec la nature, regardant les
étoiles ou marchant sur la plage, écou-
tant de la musique, dansant, lisant des
poèmes, priant ou méditant dans le
silence.

Dans la conscience de l'unité, nous

glissons à travers la barrière du temps jusque sur le terrain de l'éternité. Comme lorsque vous dites : « La montagne était si belle que j'en avais le souffle coupé ; j'ai eu l'impression que le temps s'était arrêté. » Alors, vous et la montagne devenez un. À un niveau de conscience très profond, nous savons que vous, moi, la montagne et tout le reste sommes le même Être sous différentes formes.

C'est l'état d'amour – non en tant que sentiment, mais comme vérité ultime, au cœur de toute création.

V

Pour valeurs : la vérité, l'intégrité, l'honnêteté, l'amour, la foi, la dévotion et la beauté. Selon Rabindranath Tagore, «lorsque nous faisons l'expérience de la beauté, nous la connaissons comme vérité».

En l'absence de valeurs, il n'y a que confusion et chaos. Lorsque les valeurs se désintègrent, tout se désintègre. La santé s'affaiblit, la pauvreté l'emporte sur la richesse, les sociétés et les civilisations s'effondrent.

Lorsque nous prêtons attention à ces valeurs que la société a toujours tenues pour sacrées, l'ordre émerge alors du chaos, et le champ de pure potentialité qui est en nous s'exprime dans toute sa force, créant tout ce qu'il désire.

Pour le double «V» de la vigueur et de la volonté. Nous expérimentons une affirmation de notre vigueur lorsque notre système d'identification est tourné sur le soi. Lorsque nous nous identifions aux objets extérieurs, que ce soit des situations, des circonstances, des gens ou des choses, alors notre énergie se déporte vers l'objet de référence, d'où un manque d'énergie et de vitalité.

Quand notre identité vient du soi, nous gardons notre énergie pour nous-mêmes. Nous nous sentons énergiques, puissants, pleins de vigueur.

La volonté, c'est savoir prendre une décision sur laquelle on ne puisse pas revenir. C'est une focalisation totale sur notre objectif, un but bien défini au départ qu'aucun désir ou intérêt conflictuel ne peut neutraliser.

Pour acquérir de la richesse – ou quoi que ce soit d'autre dans l'univers – vous devez le vouloir au plus profond de vous-même. Une fois l'objectif fermement fixé, la décision devient inébranlable, rien ne peut s'y opposer. C'est l'univers qui prend en charge les détails, qui organise et orchestre les opportunités. Tout ce que vous avez à faire, c'est être à l'écoute de ces opportunités.

«X», c'est le signe de l'arrêt; c'est le non à la négativité. Mon ami et auteur Wayne Dyer m'a appris une technique simple pour cela : chaque fois qu'il lui vient une pensée négative, il se dit à lui-même «passons à autre chose!» et poursuit son activité.

Dire non à la négativité, cela veut aussi dire ne pas rester en compagnie de personnes négatives, qui altèrent votre énergie. Entourez-vous d'amour et de tout ce qui peut nourrir votre être, et ne permettez pas à la négativité de s'immiscer dans votre environnement.

Pour le symbole chinois du yin et du yang. C'est le fait que la vie est la coexistence de toutes les valeurs opposées. La joie et la tristesse, le plaisir et la douleur, le haut et le bas, le chaud et le froid, ici et là, la lumière et l'obscurité, la naissance et la mort. Toute expérience se fait par contraste : l'une n'aurait pas de sens sans l'autre.

Un sage a dit un jour : « Un aveugle de naissance ne connaîtra jamais le sens de l'obscurité car il n'a jamais expérimenté la lumière. »

Lorsqu'il y a une paisible réconciliation, une acceptation dans notre conscience de cette coexistence vivante de toutes les valeurs opposées, nous arrêtons automatiquement de juger.

Le vainqueur et le vaincu sont vus comme deux pôles du même être. Le non-jugement mène à l'apaisement du dialogue intérieur, ouvrant ainsi la voie à la créativité.

Pour zèle sans effort. C'est la spontanéité inhérente à la nature, le pouvoir d'organisation inhérent à la connaissance. Toute connaissance est spontanément métabolisée et provoque un changement de la conscience à partir duquel il est possible de créer de nouvelles réalités. Ainsi, vous familiariser avec l'enseignement de ce livre créera spontanément les conditions de la fortune et de l'abondance.

Il existe un mécanisme d'accès à la réalisation spontanée de vos désirs.

Première étape : Glissez-vous dans l'espace entre les pensées. Cet espace est la fenêtre, le couloir, le vortex transformateur à travers lequel la psyché personnelle communique avec la psyché cosmique.

Deuxième étape : Une fois dans cet espace, fixez-vous une intention ou un objectif clairs.

Troisième étape : Détachez-vous du résultat, car traquer le résultat ou s'y attacher risque de vous faire sortir de cet espace.

Quatrième étape : Laissez le soin à l'univers de se charger des détails.

Il est aussi important d'avoir un but clair dans votre conscience que de vous détacher de ce but, car alors le but est dans l'espace, et l'espace est la potentialité d'organiser et d'orchestrer les détails qui mèneront au résultat.

Peut-être avez-vous en mémoire des moments où vous avez tenté de vous souvenir d'un mot précis. Vous vous y appliquiez de toutes vos forces, mais sans succès. Finalement, vous avez relâché votre attention (vous vous êtes détaché du résultat) et, peu après, le mot a surgi dans votre conscience. C'est ce que j'appelle le mécanisme de l'accomplissement des désirs.

Lorsque vous luttiez avec acharnement pour retrouver le mot oublié, votre esprit était très actif et turbulent. Puis, par fatigue et frustration, vous avez lâché prise et votre esprit, progressivement, s'est calmé. Vous avez glissé dans l'espace où vous avez relâché votre désir et, rapidement, la solution vous a été livrée. Telle est la vraie signification de « Demandez et vous serez servi » ou de « Frappez et la porte vous sera ouverte ».

L'un des moyens les plus faciles de glisser dans cet espace est la méditation. Il y a de nombreuses formes de méditations et de prières qui peuvent nous aider à manifester nos désirs à partir de cet espace.

SECONDE PARTIE

LA CONSCIENCE DE LA RICHESSE DANS LE CHAMP DE TOUS LES POSSIBLES

Laisse les eaux se calmer
Tu verras les étoiles et la lune
Se refléter dans ton Être.

Rumi

CHAPITRE 3

La magie de l'attention

Jusqu'à présent, nous avons examiné les principes pour parvenir à la richesse d'un point de vue plutôt matériel. Mais la richesse matérielle ou l'argent ne sont qu'un moyen pour arriver à la réalisation spontanée de nos désirs.

L'abondance ou la richesse signifie que la personne est facilement en mesure de satisfaire son désir, qu'il relève du domaine matériel, du domaine relationnel ou de nos besoins émotionnels, psychologiques ou spirituels. Une personne vraiment riche ne concentre jamais son attention uniquement sur l'argent et n'a jamais de problèmes d'argent. Si vous ne pensez qu'à l'argent ou si vous vous en préoccupez, s'il est une cause permanente de soucis – en vouloir davantage, ne pas en avoir assez, avoir peur d'en perdre – alors, quel que soit l'état de votre fortune, vous êtes pauvre. Comme le dit Oscar Wilde : « Il n'y a qu'une seule sorte de gens qui pensent davantage à l'argent que les riches, ce sont les pauvres. »

Être véritablement riche et prospère, c'est être libre de tout souci par rapport à la vie en général et à l'argent en particulier. La vraie conscience de la richesse équivaut donc à prendre conscience de la source de toute réalité matérielle. La source de toute réalité matérielle est la pure conscience, le champ unifié, le champ de tous les possibles.

Pour avoir une parfaite connaissance de ce champ, il ne suffit pas d'y réfléchir car, par définition, il transcende la pensée. C'est donc par un processus de transcendance que l'on y accède. On le connaît alors d'expérience et on le reconnaît comme notre propre nature.

Transcender la pensée, c'est savoir d'intuition, sans passer par les mots. Nous accédons directement au savoir, sans être distraits par l'intervention du langage articulé. C'est là que réside la valeur de la méditation, qui nous permet de faire l'expérience de l'Être pur, bien que l'expérience de l'Être pur soit, en elle-même, une expression de la pure félicité et de la pure joie.

Le principal avantage d'alterner des périodes de méditation avec des phases d'activité est que plus nous plongeons dans le champ d'Existence pure, de conscience pure, d'attention pure, plus notre activité s'en trouve imprégnée. Notre activité reçoit alors les qualités inhérentes à l'Existence pure, à la conscience pure : infinie, sans limites, abondante, riche et immortelle.

Le meilleur moyen pour en savoir davantage sur le champ d'Existence pure est au travers de la méditation. Comprendre intellectuellement ses caractéristiques et y être attentif apportera aussi des bienfaits car, ultimement, tout ce que nous vivons résulte de la qualité de notre attention.

J'aimerais à présent revenir de façon plus détaillée sur la notion de champ quantique.

Les physiciens nous disent que lorsque nous allons au-delà du domaine des particules élémentaires pour entrer dans le nuage qu'elles composent, et que lorsque nous essayons d'examiner et de comprendre ces particules – qui portent les noms sophistiqués de quark, boson, lepton, etc. –, elles sont si infimes que nous ne pouvons les observer.

Il n'existe d'ailleurs à ce jour aucun instrument capable de les mesurer. Nous ne pouvons donc pas les voir, mais seulement *penser* à elles.

Mais, me direz-vous, s'il n'est pas possible d'observer ces particules sub-atomiques, s'il n'est pas possible de les voir, comment pouvons-nous même savoir qu'elles existent ? Par les traces qu'elles laissent derrière elles dans un accélérateur de particules et que permettent de photographier ces machines dont sont équipés les centres de recherche sur la théorie quantique.

Ces particules se distinguent encore par une spécificité : elles ne se manifestent que lorsque nous les observons. Chaque fois que nous observons un champ quantique, ces particules « entrent en existence », et chaque fois que notre observation cesse, elles disparaissent dans le vide comme de petites lumières clignotant dans une pièce noire. Vous pouvez imaginer la pièce noire comme un espace infini, illimité, et ces lumières qui s'allument comme les particules qui prennent existence par le simple fait de porter son attention sur le champ. Lorsque notre attention se tourne ailleurs, elles ne sont alors qu'une zone de probabilité dans le champ de tous les possibles.

Chaque particule est en même temps une onde. Elle le reste jusqu'à ce qu'on l'observe. Une onde n'est pas confinée à un endroit précis de l'espace ou du temps, elle est diffuse. C'est pourquoi on parle de zone de probabilité dans le champ des possibles. C'est la probabilité statistique de trouver une particule à un endroit précis au moment de l'observation – c'est-à-dire au moment de l'attention.

C'est cette attention qui transforme la zone de probabilité, l'onde, la distribution de probabilité, et qui fait qu'elle peut être mesurée comme une fonction du temps. L'attention capte cette zone de probabilité et l'amène à se manifester sur le plan matériel par le seul acte d'observation. Par conséquent, une particule est littéralement créée par vous et moi à travers cet acte.

Avant qu'elle ne soit observée, cette particule n'était qu'une possibilité mathématique, une distribution de probabilité pour une mesure possible en tant que fonction du temps.

LA MAGIE DE L'ATTENTION

Avant l'observation

〜〜〜〜 Onde
Disséminée dans l'espace et le temps
(zone de probabilité)
Non matérielle, non localisée
Dans le domaine spirituel.

Au moment de l'observation

● Particule
Événement spatiotemporel

Localisée
Dans le domaine matériel.

Voyez comme c'est curieux! C'est la qualité de notre attention qui fait qu'une zone de probabilité dans le champ infini des possibles se manifeste sur le plan matériel. En fait, la création matérielle tout entière n'est rien d'autre que le soi faisant sa propre connaissance au travers des différentes qualités d'attention portées sur lui-même. Si notre attention est fragmentée, alors nous sommes fragmentés. Si notre attention se porte sur la totalité, alors nous sommes la totalité.

Les sages du Véda disaient : «Portez votre attention sur ce qui est et voyez sa totalité à chaque instant. La présence de Dieu est partout. Il vous suffit de la saisir consciemment avec votre attention. »

CHAPITRE 4

La puissance de la connaissance, du désir et de l'esprit

Examinons à présent les qualités du champ unifié, qui est la source de toute abondance et de toute richesse dans l'univers. Au nombre de vingt-cinq, elles ont été recensées il y a quelques années par un groupe de physiciens à la demande de Maharishi Mahesh Yogi, le fondateur de la méditation transcendantale. Il s'avéra que ces qualités étaient aussi celles de Brahma, la source de toute la création, telle qu'il est décrit dans le Véda, l'ancien texte sacré de l'Inde.

Après tout, si nous devions choisir d'égaler quelqu'un ou quelque chose, pourquoi ne pas prendre comme modèle le champ unifié, autrement dit la source de toute création, le soi, l'Être pur ? Si nous pouvions penser à une personne qui incarne les pensées de Dieu, elle aurait tous ces traits psychologiques. Et que pourrions-nous trouver de mieux comme modèle que l'esprit de Dieu ? Einstein a dit : « Je veux connaître les pensées de Dieu ; le reste, c'est du détail. »

Examinons à présent les qualités du champ unifié.

~1~

Il réunit l'ensemble du potentiel des lois de la nature

Toutes les lois de la nature qui sont structurées, qui créent l'infinie diversité de la création, se trouvent dans le champ unifié.

À l'heure actuelle, les scientifiques nous disent qu'il existe quatre forces fondamentales dans la nature. *La gravité*, qui fait tourner la Terre et maintient les planètes ensemble ; *l'électro-*

magnétisme, qui est responsable de la lumière, de la chaleur, de toutes les formes d'énergie que nous rencontrons au quotidien; *l'interaction forte*, qui maintient ensemble les composants du noyau de l'atome; et *l'interaction faible*, qui est responsable de la transmutation des éléments et de la désactivation des substances radioactives.

La création matérielle tout entière procède de ces quatre forces. Mais il ne s'agit pas que de simples forces: ce sont aussi des champs d'intelligence, car la base ultime de ces forces, le champ unifié, est un champ d'intelligence infinie, illimitée, qui regroupe donc l'ensemble du potentiel des lois de la nature.

Sa puissance d'organisation
est infinie

Le champ régit tout dans la création : le mouvement des galaxies, le cours des étoiles, la rotation de la Terre, le cycle des saisons, les rythmes biologiques de nos corps, les rythmes biologiques de la nature tels qu'on les observe dans la végétation et chez les animaux. C'est, littéralement, un champ de puissance organisatrice capable de gérer un nombre infini de choses simultanément et de les connecter les unes aux autres.

Même notre corps humain est un champ infini de puissance organisatrice. Six milliards de réactions prennent place dans le corps humain chaque seconde, et chacune d'elles est reliée à toutes les autres. Chaque événement biochimique sait quel autre événement biochimique est en train de se produire dans le corps. Un corps humain peut penser, jouer du piano, chanter une chanson, digérer de la nourriture, éliminer des toxines et tuer des microbes dans un même temps et coordonner toutes ces activités les unes aux autres.

La puissance infinie d'organisation est donc inhérente au champ lui-même. Connaître ce champ de manière intime, savoir d'expérience que ce champ fait partie de notre nature même, signifie personnifier automatiquement la puissance infinie d'organisation du champ.

~ 3 ~

Il est pleinement éveillé en lui-même

C'est le champ de conscience pure, l'éveil à l'état pur. C'est quelque chose de vivant et non pas seulement de latent. Bien que silencieux, il est pleinement éveillé. Dans ce champ de conscience pure, toute éventualité est possible au travers de la qualité de l'attention tournée vers le champ lui-même.

~ 4 ~

Il est le lieu de l'infinie corrélation

À nouveau, la corrélation de tout avec tout.

~ 5 ~

Il est synonyme d'ordre parfait

Le champ unifié est ordre, même s'il peut, superficiellement, donner une impression de chaos (on sait, depuis qu'ont été posés les fondements de la théorie du chaos, qu'il existe un ordre inscrit profondément dans un désordre de surface).

Imaginons que vous alliez à New York et que vous arriviez à la Gare centrale. Si vous regardez de l'extérieur ce qui s'y passe, vous ne verrez qu'un immense désordre. Les gens se précipitent en tous sens, apparemment sans aucun ordre. Pourtant, bien entendu, chacun se dirige vers une destination précise. Sous-jacent à ce désordre apparent se trouve en réalité un état tout à fait ordonné.

Supposons qu'au dernier moment, il soit annoncé que le train pour Boston ne part plus de la voie 11 mais de la voie 15. Vous assisteriez alors à un désordre encore plus grand. Vous verriez les gens changer brusquement de direction, se bousculer; là encore, toute cette activité d'apparence anarchique est régie par des règles précises et poursuit un but bien défini.

Dans le champ unifié existe un ordre qui coordonne au même moment un nombre infini d'actions ou de pensées – d'où, à première vue, une impression d'éparpillement, d'activité désordonnée ou de pensée confuse.

~ 6 ~

Son dynamisme est infini

Le champ possède un dynamisme infini qui peut faire naître n'importe quelle possibilité. Il est fluide, flexible (cette flexibilité est un aspect non manifesté de sa nature) et silencieux. Dans ce silence se trouve la source du dynamisme de la même manière que dans le repos se trouve le potentiel de l'activité. Plus le silence est profond, plus il y a de dynamisme.

~ 7 ~

Sa créativité est illimitée

Qu'y a-t-il en effet de plus créatif que l'acte de manifester l'univers tout entier ? Mais la manifestation de l'univers n'est rien d'autre que la manifestation de la pensée à partir du niveau d'existence pure. L'Être pur qui pense en lui-même : « Puissé-je devenir eau ! » devient eau. S'il pense : « Puissé-je devenir les montagnes!», il devient les montagnes; et s'il pense : «Puissé-je devenir les galaxies!», il devient les galaxies. L'Être pur, imperturbable, silencieux, éternel, est l'état de félicité. Une étincelle de pensée dans cet état, une infime perturbation, et c'est tout l'univers qui se manifeste.

Le grand poète soufi Rumi dit : «Tel un tourbillon, nous émergeons du vide, dispersant les étoiles comme de la poussière.» C'est le mécanisme de la création.

~ 8 ~

Il est connaissance pure

La connaissance pure n'est pas le fait de connaître ceci ou cela, c'est la compréhension de tout ce qui existe dans la création matérielle. C'est la potentialité, l'incommensurable potentiel de tout ce qui a été, de tout ce qui est et de tout ce qui sera.

~ 9 ~

Il ne connaît pas de limites

Le champ unifié n'est pas restreint par des limites, des notions conceptuelles ou des idées préconçues. Le champ n'est pas limité dans le temps – il est éternel – ni dans l'espace – il est au-delà des limites extérieures de l'espace.

~ 10 ~

Il est en parfait équilibre

Le champ équilibre tout ce qui existe dans la création – l'écologie de la nature, la physiologie du corps humain, l'évolution du fœtus humain jusqu'au stade de bébé.

~ 11 ~

Il est autosuffisant

Le champ unifié n'a besoin de rien qui provienne de l'extérieur car tout est contenu à l'intérieur du champ.

Se retournant sur lui-même, il crée sans aucun répit.

~ 12 ~

Il donne accès
à toutes les possibilités

Cela veut dire *tout* ce que vous pouvez imaginer, et plus. Vous avez donc la capacité d'accéder à ce qui peut être conçu par votre imagination, et même à ce qui se trouve pour l'instant en dehors de ses limites. Plus vous en ferez l'expérience, plus votre imagination se développera. Ce qui est inconcevable aujourd'hui peut, demain, devenir concevable. Mais il y aura toujours de nouveaux domaines à découvrir.

~ 13 ~

Il est silence infini

Le silence infini est l'esprit de Dieu. C'est un esprit qui peut créer n'importe quoi à partir du champ de pure potentialité. Le silence infini contient un dynamisme infini. Cultivez le silence et la connaissance silencieuse sera vôtre. Dans cette connaissance silencieuse se trouve un système de traitement de l'information dépassant de loin, en précision, en justesse et en puissance, tout ce qui est contenu à l'intérieur des limites de la pensée rationnelle.

~ 14 ~

Il est harmonie

L'univers est l'interaction harmonieuse de tous les éléments et de toutes les forces qui créent l'équilibre et l'harmonie. Dans «univers», il y a «uni», qui évoque l'harmonie, et il y a «vers», qui évoque un poème, une chanson. Un chant d'harmonie, en quelque sorte, qui est rire, joie et félicité.

~ 15 ~

Il est en évolution

Tout ce qui se trouve dans la nature est dans un processus d'évolution vers un niveau d'existence supérieur. Sans même le rechercher ou même y penser, par le simple fait d'exister, nous évoluons vers un niveau supérieur de conscience. Lorsque nous en prenons conscience, nous évoluons encore plus vite.

~ 16 ~

Il est autoréférent

Le champ unifié ne se réfère pas à un objet extérieur afin de se définir, il lui suffit de se retourner sur lui-même pour se connaître.

~ 17 ~

Il est invincible

Le champ est indestructible. Le feu ne peut pas le brûler, l'eau le noyer, le

vent l'assécher, et les armes le briser.
Il est ancien comme la nuit des temps,
il n'est pas né, il ne meurt jamais.

~ 18 ~

Il est immortel

Conséquence logique de son invin-
cibilité.

~ 19 ~

Il est non manifesté

Bien qu'étant la source de tout
objet créé, il est, en lui-même, non
manifesté.

~ 20 ~

Il est nourriture

Le champ unifié nourrit tout dans
la création, depuis l'arbre jusqu'au
mouvement des étoiles et des galaxies,
la migration des oiseaux, le mouvement de notre propre système immu-
nitaire, le processus de digestion qui

prend place à l'intérieur de nous, le battement de notre cœur.

~ 21 ~

Il est intégration

Non seulement il nourrit toutes ces activités, mais il intègre chacune dans toutes les autres.

~ 22 ~

Il est simplicité

Pourtant, sa nature est pure simplicité. Parce qu'au niveau le moins manifesté il n'est autre que notre propre conscience – la forme *la plus simple* de notre conscience.

~ 23 ~

Il purifie

Le champ purifie tout ce avec quoi il entre en contact. Purifier signifie rétablir quelque chose dans son état originel, immaculé. L'univers, en tant qu'expression de cet équilibre délicat, trouve sa source dans la pureté. Le champ, qui est source de tout, purifie donc tout ce qu'il rencontre.

~ 24 ~

Il est espace de liberté

La liberté est inhérente au champ unifié et, lorsque nous contactons ce champ, la liberté vient à nous. C'est la liberté qui dérive de la connaissance vécue de notre véritable nature. Et notre véritable nature, c'est d'être le témoin joyeux et silencieux, l'esprit détaché et immortel qui anime toute manifestation. Faire cette expérience, c'est simplement *être*.

C'est la vraie liberté – la capacité de jouir pleinement des choix faits à chaque instant du présent. C'est la capacité de porter spontanément notre attention sur les choix qui apportent de la joie, à nous-mêmes ainsi qu'aux autres.

Il est félicité

La dernière qualité du champ unifié – et la plus importante – est la félicité. La félicité ne doit pas être confondue avec le bonheur. Il y a toujours une raison derrière le bonheur. Nous sommes heureux lorsque quelqu'un nous adresse un compliment, lorsque nous venons de décrocher un travail formidable, lorsque nous gagnons beaucoup d'argent ou lorsque nous vivons une histoire d'amour qui nous comble. Mais lorsque nous sommes heureux sans aucune raison particulière, par le simple fait d'exister, nous sommes alors dans un état de félicité.

Cette félicité est l'endroit d'où nous provenons, la nature de l'existence. Elle est inhérente au champ; elle est plus primordiale que notre corps, plus proche de nous que notre esprit. Et elle nous suit où que nous allions.

Dans cet état de félicité se trouve l'expression de l'amour pur. Lorsque l'amour est pur, nous devenons l'incarnation de l'amour. Cet amour n'est offert à personne, refusé à personne. Il irradie simplement de nous, comme la clarté émanant d'un grand feu. Il allume l'étincelle de l'amour dans tout ce qu'il touche.

Comment pouvons-nous exprimer ces qualités du champ unifié dans notre propre conscience ?

La première manière est d'être conscient d'elles, et je vous suggère pour cela de concentrer votre attention, chaque jour, sur une nouvelle qualité. Souvenez-vous que c'est l'attention qui conduit la particule à exister à partir d'une amplitude de probabilité, à partir d'un champ de tous les possibles. L'attention est le processus même qui va précipiter un événement spatiotemporel au sein du champ de toutes les possibilités. Ainsi, lorsque nous porterons notre attention sur une qualité particulière du champ, cette qualité pénétrera dans notre conscience et nous pourrons en faire ressortir l'expression matérielle dans notre vie.

Les scientifiques ont montré que des événements mentaux se traduisent en molécules. Ces molécules sont littéralement des messagères de l'espace intérieur. Elles sont l'équivalent de la pensée. À leur découverte, elles furent appelées neuropeptides car on les avait dans un premier temps localisées dans le cerveau. Maintenant, nous savons que ces neuropeptides pénètrent en fait chaque cellule de notre corps.

Produire une pensée ne signifie pas modifier uniquement la chimie du cerveau, mais aussi la chimie du corps tout entier. Chaque pensée émise, chaque idée cultivée envoie un message chimique au cœur même de la conscience cellulaire. Prêter de l'attention à un mot, qui est une expression symbolique d'une idée, est, par conséquent, magique. Cela transforme l'invisible en visible.

Choisissez donc un thème pour chaque jour du mois (au bout de vingt-cinq jours, on peut reprendre le premier thème). Supposons que le thème choisi soit *liberté*. Rappelez-vous : le mot se fait chair. L'événement quantique devient le neuropeptide. N'analysez pas le mot, n'essayez ni de le définir ni de l'interpréter. Concentrez-vous sur l'idée de liberté. Elle s'inscrira rapidement dans votre conscience, provoquant une transformation positive. Cela modifiera spontanément votre physiologie et ce changement de physiologie, à son tour, apportera un changement dans ce que vous vivrez.

La seconde façon de développer une physiologie exprimant les qualités du champ unifié est d'en faire l'expérience directement, à travers la pratique de la méditation. La méditation permet à l'esprit de faire l'expérience de niveaux de plus en plus abstraits du processus de pensée et de le transcender jusqu'au niveau le plus abstrait de la conscience, la conscience transcendantale, qui est le champ unifié lui-même. C'est l'état de pure attention, de pure conscience. Mes propres expériences viennent d'une pratique régulière de la méditation transcendantale.

De nombreuses études scientifiques montrent les effets bénéfiques de la méditation. La pression artérielle baisse. Le stress diminue. Le taux métabolique basal décroît. L'insomnie, l'anxiété et un certain nombre de désordres psychosomatiques sont atténués, voire éliminés. En outre, les ondes cérébrales s'harmonisent de plus en plus entre elles, ce qui accroît la capacité d'attention, la créativité, l'aptitude à mémoriser et à apprendre.

Par ailleurs, les effets de la méditation perdurent jusque dans nos activités quotidiennes, qui sont bientôt remplies et influencées par les qualités du champ unifié. La raison en est simple : lorsque l'on sait une chose pour l'avoir expérimentée, nous devenons cette chose et nous commençons à en incarner toutes les propriétés. Dans la littérature védique, il est fait référence au champ unifié comme étant Brahma. Un dicton sanskrit dit : « Brahmavit brahmaiv bhavate », ce qui signifie : « Connaître Brahma conduit à devenir brahmane. » Transcender, c'est donc non seulement connaître et comprendre au travers d'une expérience directe les qualités du champ unifié, mais aussi en voir les valeurs exprimées au quotidien, dans toutes nos activités.

Tout au long de ce livre, j'ai souligné à votre intention les principes qui mènent à la conscience de l'abondance, principes fondés sur une véritable compréhension des mécanismes de la nature. Oscar Wilde écrivit un jour : « Lorsque j'étais jeune, je pensais que l'argent était la chose la plus importante au monde. Avec l'âge, je sais que c'est vrai. »

Il est évident que le propos de M. Wilde est avant tout humoristique, mais si nous substituons le mot « richesse » au mot « argent », nous pouvons alors voir la pertinence de cette réflexion. La richesse inclut l'argent mais ne s'y résume pas. C'est l'abondance, la générosité de l'univers, dans lequel chacun de nos désirs doit devenir réalité car, comme je l'ai dit précédemment, inhérent à la présence du désir se trouve le mécanisme de son accomplissement.

L'univers est une grande machine qui baratte les rêves pour les transformer en réalité. Nos rêves sont tissés de façon inextricable dans la trame de l'ensemble des événements.

Les mécanismes qui permettent à ces rêves de se réaliser sont d'abord contenus dans le pouvoir de la connaissance, connu dans l'Inde ancienne sous le nom de *gyan shakti*. Ils sont aussi dans le pouvoir de l'intention ou du désir, connu sous le nom de *iccha shakti*. Mais le pouvoir de la connaissance et le pouvoir de l'intention ou du désir trouvent leur force et leur potentialité incommensurables dans le pouvoir de transcender, appelé *atma shakti*. *Atma shakti*, la puissance du soi, est la puissance de Brahma, en laquelle réside le pouvoir infini d'organisation de l'univers.

Il est dit dans le Véda : « Connais cette chose par laquelle toute autre chose peut être connue. »

Sachez qu'au fond de vous, dans les recoins les plus intimes de votre cœur, se trouvent les déesses de la Connaissance et de la Richesse. Aimez-les et entretenez-les, et chacune de vos aspirations prendra spontanément forme. Car ces déesses n'ont qu'un seul désir : celui de naître.

ANNEXES

Abécédaire des principes
de la richesse

A   Argent et amour.

B   But : avoir un but dans la vie.

C   Charité : une charité libre dans le don.

D   Demande : il y a une demande pour chacune de vos offres.

E   Espérance, garante du résultat. Échec, graine du succès.

F   Faire la fortune des autres.

G   Gratitude.

H   Heureux et humanité.

I   Insouciance.

J   Juger n'est pas nécessaire.

K   Kaléidoscope : champ de tous les possibles.

L   Luxe.

M   Meilleur et motiver.

N Notre nature est richesse et abondance.

O Opportunité et ouverture dans la communication.

P Pure potentialité.

Q Questionner, remettre en question.

R Recevoir et redistribuer. Réjouissance : se réjouir du succès des autres.

S Saveur de la vie.

T Transcendance, temps, talent et conscience atemporelle.

U Unité.

V Valeurs.

W Vigueur et volonté.

X Non à la négativité.

Y Ying et Yang : dans la vie coexistent toutes les valeurs opposées.

Z Zèle sans effort, la spontanéité inhérente à la nature, le pouvoir d'organisation inhérent à la connaissance.

LES VINGT-CINQ QUALITÉS DU CHAMP UNIFIÉ

~ 1 ~

Il réunit l'ensemble du potentiel
des lois de la nature

~ 2 ~

Sa puissance d'organisation
est infinie

~ 3 ~

Il est pleinement éveillé en lui-même

~ 4 ~

Il est le lieu de l'infinie corrélation

~ 5 ~

Il est synonyme d'ordre parfait

~ 6 ~

Son dynamisme est infini

~ 7 ~

Sa créativité est illimitée

~ 8 ~

Il est connaissance pure

~ 9 ~

Il ne connaît pas de limites

~ 10 ~

Il est en parfait équilibre

~ 11 ~

Il est autosuffisant

~ 12 ~

*Il donne accès à toutes
les possibilités*

~ 13 ~

Il est silence infini

~ 14 ~

Il est harmonie

~ 15 ~

Il est en évolution

~ 16 ~

Il est autoréférent

~ 17 ~

Il est invincible

~ 18 ~

Il est immortel

~ 19 ~

Il est non manifesté

~ 20 ~

Il est nourriture

~ 21 ~

Il est intégration

~ 22 ~

Il est simplicité

~ 23 ~

Il purifie

~ 24 ~

Il est espace de liberté

~ 25 ~

Il est félicité

*Si vous souhaitez obtenir
des informations sur les ateliers
et les activités du Dr Chopra,
contactez*

THE CHOPRA CENTER
FOR WELL BEING
7630 Fay Avenue
LA JOLLA CA 92037 USA
*Tél. : (619) 551 77 88
Fax : (619) 551 78 11*

*ou consultez le site Internet
http ://www.chopra.com*

5614

Composition Interligne B-Liège
Achevé d'imprimer en Europe (Allemagne)
par Elsnerdruck à Berlin
le 22 août 2000.
Dépôt légal août 2000. ISBN 2-290-30337-2

Éditions J'ai lu
84, rue de Grenelle, 75007 Paris
Diffusion France et étranger : Flammarion